日本の
図像
波・雲・松の意匠

Wave, Cloud, Pine
Traditional Patterns in Japanese Design

Wave, Cloud, Pine:
Traditional Patterns in
Japanese Design ——4

様式化の意志 —波・雲・松—
谷川 渥

日本の図像
波・雲・松の意匠

目次

Wave, Cloud, Pine: Traditional Patterns in Japanese Design

This book introduces Japanese design from the sixteenth century through the present through the theme of natural beauty embodied in waves and clouds and pines as significant landscape elements. As design elements, both are rooted in the way Japanese see the world.

The Japanese view of nature is modest: animals, plants, natural phenomena, and human beings are all part of a single world. Japan lacks the Western dualist concept of human beings as existing apart from nature.

Thus view of nature makes connections between clouds, mountains, water, and human beings extremely close. For example, a beautiful cloud in the sky may be seen as a good omen, a thundercloud as ominous or monstrous. That same intimacy with nature inspires superstitions such as the belief that dreaming of Mt. Fuji in the first dream of the year presages good fortune in the next twelve months; or the custom of opening sliding doors with one's hands near the base of the door to act out a wish that household prosperity will gradually be opening out.

It is thus thinking that has led to the use of auspicious symbols as motifs in textiles and other crafts. Many reached Japan from China, Central Asia, or points further west. But whether conceived of in Japan or imported, those motifs are now fully part of the heritage of Japanese craftsmen, who have developed native variations on them, using very Japanese interpretations.

Wave, Cloud, Pine: Traditional Patterns in Japanese Design

This book introduces Japanese design from the sixteenth century through the present through the themes of natural beauty embodied in waves and clouds and pines as significant landscape elements. As design elements, both are rooted in the way Japanese see the world.

The Japanese view of nature is monist: animals, plants, natural phenomena, and human beings are all part of a single world. Japan lacks the Western dualist concept of human beings as existing apart from nature.

That view of nature makes connections between clouds, mountains, water, and human beings extremely close. For example, a beautiful cloud in the sky may be seen as a good omen, a thundercloud as ominous or monstrous. That same intimacy with nature inspires superstitions such as the belief that dreaming of Mt. Fuji in the first dream of the year presages good fortune in the next twelve months or the custom of opening sliding doors with one's hands near the base of the door to act out a wish that broad-based prosperity will gradually be opening out.

It is that thinking that has led to the use of auspicious symbols as motifs in textiles and other crafts. Many reached Japan from China, Central Asia, or points further west. But whether conceived of in Japan or imported, those motifs are now fully part of the heritage of Japanese craftsmen, who have developed many creative variations on them, using very Japanese interpretations.

When we consider the birth of motifs in Japan, in contrast to the West, we can say that in the West, people design nature. Western motifs have nature as their subject: nature exists out there, distinct from the designer; the motif comes later, pointing to it. But in Japan, we do not think of nature as an object outside ourselves. We enter into nature itself and imitate it through art and design. Consider, for example, the rocks in a garden, which may be natural objects that have not been altered at all. In a small space such as a tsuboniwa, a pocket courtyard garden in an urban residence, a rock may have a decisive presence and express a meaning that transcends its mundane being—a rock. It may be an island in the sea, for example, or a star in the heavens.

Such Japanese motifs, which are nature itself to the fullest extent, have been created in great variety, across all the genres of weaving and dyeing, lacquer ware, ceramics, and other arts and crafts in our long history. In creating them, Japanese craftsmen were neither depicting nature nor representing a concept. They were trying to express not an abstract idea but the thing itself. The portrayal of a concept is visual, while expressing the form of the thing itself is tactile: the difference in sensory experience may be one way to state the distinction. That direct, tactile expression of the thing itself is a way of thinking that emerges directly from the way Japanese approach nature.

Direct does not, however, imply simple; monist does not imply monotonous; tactile does not imply a lack of visual imagination. The wealth of designs on the powerful natural themes of waves, clouds, and pines presented in this volume testifies to centuries of creative work. It is offered as a source of inspiration to all who share our world.

When we consider the birth of motifs in Japan, in contrast to the West, we can say that in the West, people design nature. Western motifs have nature as their subject; nature exists, but there distinct from the designers; the motif comes later, coming to term. But in Japan, we do not think of nature as an object outside ourselves. We enter into nature itself and imitate it through art and design. Consider, for example, the rocks in a garden, which may be natural objects that have not been altered at all in a small space such as a tsuboniwa, a pocket courtyard garden in an urban residence; a rock may have a decisive presence and express a meaning that transcends its mundane being—a rock may be an island in the sea, for example, or a star in the heavens.

In such Japanese motifs, which are nature itself to the fullest extent have been created in great variety, across all the genres of weaving and dyeing, lacquer ware, ceramics, and other arts and crafts. In our long history, in creating them, Japanese craftsmen were neither depicting nature nor representing a concept. They were trying to express not an abstract idea but the thing itself. The portrayal of a concept is visual, while expressing the form of the thing itself is tactile; the difference in sensory experience may be one way to state the distinction. The tactile or tactile expression of the thing itself is a way of thinking that emerges direct from the way Japanese approach nature.

Direct does not, however, imply simple; nor simple imply monotonous; rather does not imply a lack of visual imagination. The wealth of designs on the powerful nature motifs — waves, clouds, and pines presented in this volume testifies to countless of creative work. It is offered as a source of inspiration to all who share our world.

国宝　天橋立図（部分）　雪舟　京都国立博物館　5

波の図像

様式化の意志 ——波・雲・松——　　　谷川 渥

ジャポニスムの「波」

　クロード・ドビュッシーの《交響詩「海」》の初版譜（1905年）の表紙に葛飾北斎の「神奈川沖波裏」が刷られていたことは、よく知られている。作曲家は、自分の部屋に広重や歌麿の絵を掲げ、日本の陶器を置き、大きなガラスの器に日本から送られた金魚を入れていたとも伝えられる。19世紀後半から世紀転換期にかけてのヨーロッパ、とりわけフランスを中心とする、いわゆるジャポニスムの一端を示す事態ではある。

　ドビュッシーの《海》は、うねり、逆まき、轟き、荒れ狂い、高くせり上がっては崩れる波のありようを表象する。まさしく北斎のあの「波」のように。とはいえ、たんに作曲家が極東の天才画家のもたらしたこの驚くべきイメージにもとづいて《海》を作ったと考えるとすれば、それはいささか短絡的であるというべきだろう。自分の作品を指示する恰好の例として、北斎の版画を、おそらくは最も有名な「波」の視覚化としての版画を使用したと見るのが妥当であろうと思われる。

　日本の「波」は、「神奈川沖浪裏」のそればかりでなく、同じ北斎の『北斎漫画』における波のデッサンも、広重や北溪の波も、あるいはそれらすべての淵源といっていいかもしれぬ尾形光琳の様式化された「光琳波」も、ほとんど西洋に紹介されていた。もっとも北斎最晩年の小布施の祭り屋台天井画「怒濤図、女波」までが知られていたかどうかは明らかではない。北斎の波へのこだわりは、たしかに尋常ではなく、それはある種の象徴論的な分析を誘いすらするが、しかしそれとても日本の「波」の表象の伝統を背景にして可能になったにすぎない。

　すでに古代の銅鐸に流水文があり、古墳時代の埴輪の衣服に、波を幾何学的な半円の連なりにまで様式化した「青海波」の文様が見られる。舞楽の演目に「青海波」があり、『源氏物語』のなかにも朱雀院での紅葉の賀に源氏と頭の中将が「青海波」を舞う場面がある。「光琳波」から北斎の「波」への系譜は、こうした日本の連綿たる「波」の様式化の伝統のなかで成立したのであり、しかもその様式化をいわば垂直に絶つかたちで驚くべき表象が現出するのだ。

　ある意味で、北斎の「波」は、あの源実朝の絶唱、

　　大海の磯もとどろに寄する波
　　　われてくだけてさけてちるかも

の近世のヴァリエーションと考えられなくもない。いや、実朝もまた、わが国の「波」の表象史において奇蹟のように吃立したひとりなのだ。

8　重文　浜松図屛風（左隻部分）　東京国立博物館

19世紀末の西洋が、文字どおり日本の「波」をもろにかぶったことは間違いない。わが国立西洋美術館所蔵のギュスターヴ・クールベの「波」(1869年)あたりを嚆矢として、西洋の画家の作品に日本の「影響」を見てとることはさほど困難ではないはずだ。イギリスのウォルター・クレインの「ネプチューンの馬」(1892年)も、ギリシア神話へのアリュージョン(ほのめかし)があるにせよ、波の表象の主題化そのものにおいて日本の存在を意識させずにはおかないし、ナビ派の画家ジョルジュ・ラコンブの「青海-波の効果」(1894年頃)などは、北斎、広重、光琳の「波」をよく研究したうえで描かれたとしか思えない作品である。日本の画家たちと西洋の画家たちの「波」の表象を比較して、前者から後者への影響をあげつらうことは、ジャポニスムの一側面を知るうえで意味のないことではもちろんないし、実際、ジャポニスム研究の金字塔ともいうべきジークフリート・ヴィヒマンの大著『ジャポニスム』(1982年)には、そうした実例が数多く載せられている。

　とはいえ、注意したいのは、フランス語でアール・ヌーヴォー、ドイツ語でユーゲントシュティールと呼ばれた、世紀末の汎ヨーロッパ的芸術現象が、ときに「波の様式」(ヴェレンシュティールあるいはヴェレンバンドシュティール)とも呼ばれた事実である。英語で「ヨッティング・スタイル」(ヨットの航跡のような様式)、イタリア語で「スティレ・フロレアーレ」(花の様式)という美しい呼称もあるが、いずれにせよこうした名称はすべて線の変化する動きを暗示するものにほかならない。アール・ヌーヴォーは、線の内在的価値を最大限に発揮した芸術様式なのである。

　すでに18世紀中葉、イギリスのウィリアム・ホガースは、その著書『美の分析』(1753年)のなかで、波状線(waving line)を「美の線」、蛇状線(serpentine line)を「優美の線」と呼んでいた。この「蛇状線」は、さかのぼれば16世紀後半のイタリアにおけるマニエリスムの理論家たちのいう「蛇状曲線形」(figura serpentinata)と芸術史的に内的関係をとり結んでいると見ていいだろう。いや、マニエリスムの淵源とも目されうるレオナルド・ダ・ヴィンチは、晩年に恐るべき水の氾濫、つまり大洪水の表象に取り憑かれ、そこに異様な「波」の世界を現出させたのだった。要するに、西洋には西洋の「波」の表象史、より具体的には、うねうねとした波や蛇にたとえられる線の芸術史的系譜があるのであり、アール・ヌーヴォーないしユーゲントシュティールも、そのようなうねうねとした線の近代における異常開花と見ることができるわけである。ちなみに、こうした波状線と蛇状線は、奇しくもドビュッシーの《海》と軌を一にして、ウィーンのグスタフ・クリムトの二点の「水蛇」(1904—07年)という作品に、文字どおり波＝蛇＝女として顕現するにいたる。

　こうした線的形象をもっと端的に指示するのが、アラベスクという言葉であろう。ちな

みに、ジャポニスムの直接的な火付け役となり、しかもその店の名前から「アール・ヌーヴォー」という言葉を流布させることになったサミュエル・ビングが、1888年から3年にわたって36号刊行した『芸術的日本』のなかで、アリ・ルナンはこう述べている。「あのアラベスク模様のような線描を彼ら（日本人）は競って、より奔放自在に、より円くしなやかに、よりくねくねと大胆に、そしてなによりもひときわ簡潔に仕上げようとしたのであった」（金森修訳）と。ジャポニスムなるものも、こうしてアラベスク現象へと帰一させられるわけである。

　そしてドビュッシーその人も、音楽のメロディーをアラベスクと等置し、しかもそれをあらゆる芸術形式の基盤とみなして、みずから《二つのアラベスク》（1888、1894年）を作曲しているのだ。《海》という作品が、北斎の「波」と結びつき、それゆえジャポニスムの圏域内で語られるのが間違いではないとしても、それはこうした西洋の芸術史的系譜にまぎれもなく連なり、そしてドビュッシー自身の生成と崩壊の哲学に裏打ちされたアラベスクの美学のひとつの達成として姿を見せたことは忘れられてはならないだろう。東西の「波」がそこでぶつかりあい、そしてうねり、逆まき、高くせり上がって崩れたのである。

12　浜松図屏風（右隻部分）　海北友松　宮内庁三の丸尚蔵館

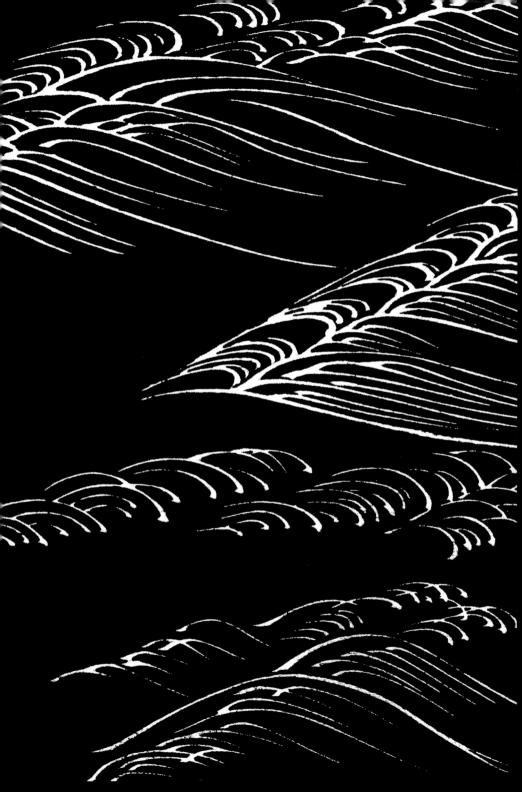

16　　浜松図屏風（左隻部分）　海北友松　宮内庁三の丸尚蔵館

駿河八景図屏風（部分）作者未詳　馬の博物館　25

　賀茂競馬・宇治川図（右隻・宇治川図・部分）　馬の博物館

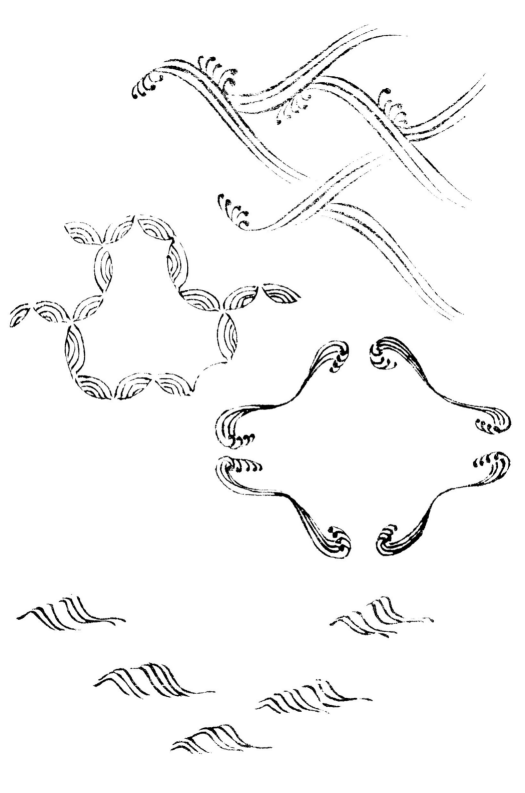

ご購入書籍名をご記入ください。

1. この本を何でお知りになりましたか
　　1. 新聞・雑誌 (紙・誌名　　　　　　　　　　　　　) 　2. チラシ・ポスター
　　3. 友人、知人の話　　　4. 店頭で見て　　5. プレゼントされた
　　6. 小社の新刊案内　　7. その他 (　　　　　　　　　　　　　)

2. この本についてのご意見、ご感想をお聞かせください。

　………………………………………………………………………………………
　………………………………………………………………………………………
　………………………………………………………………………………………
　………………………………………………………………………………………

3. よく購読されている雑誌名をお書き下さい。

● ………………………………………………………………………………………
● ………………………………………………………………………………………
● ………………………………………………………………………………………

4. 今後、小社より出版をご希望の企画、テーマがありましたら、
　　ぜひお聞かせください。

　………………………………………………………………………………………
　………………………………………………………………………………………
　………………………………………………………………………………………
　………………………………………………………………………………………

● アンケートにご協力いただきありがとうございました。　　884 図像

アフターサービス・新刊案内・マーケティング資料・今後の企画の参考とさせていただきますので、お手数ですが各欄にご記入の上、お送りください。なお、ご記入いただいたデータは上記以外には使用いたしません。

884 図像

（フリガナ） お名前		年齢	性別 男・女
ご住所　〒	TEL （　　）		
e-mail			
ご職業	購入店名		

● いままでに読者カードをお出しいただいたことが　　1.ある　2.ない

40　　波濤水禽図（右隻部分）狩野探幽　静嘉堂文庫美術館

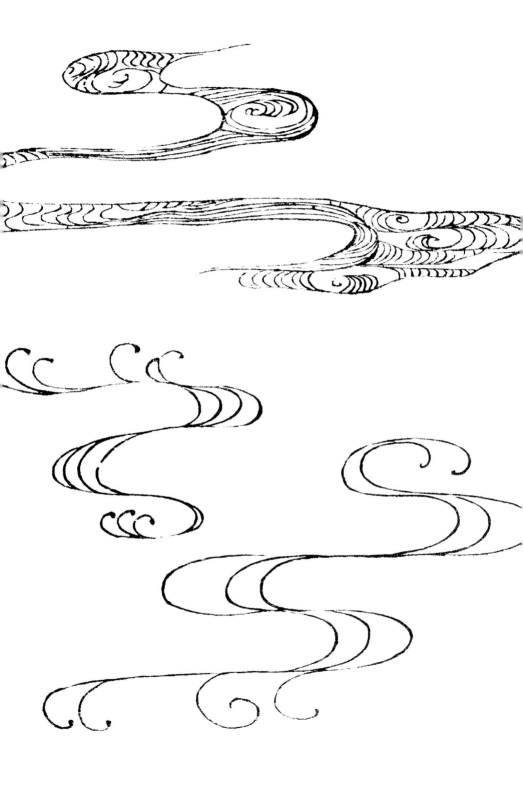

44　　波濤水禽図（右隻部分）　狩野探幽　静嘉堂文庫美術館

探幽齋筆

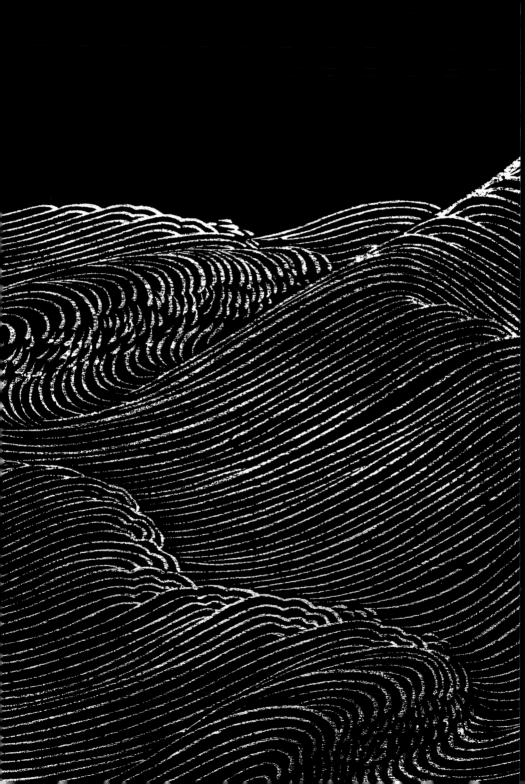

冨嶽三十六景　御厩川岸より両国橋夕陽見（部分）　葛飾北斎
山口県立萩美術館・浦上記念館

冨嶽三十六景　甲州石班澤（部分）　葛飾北斎
山口県立萩美術館・浦上記念館

68

大切躍道い大当り大当り（部分） 歌川国員 山口県立萩美術館・浦上記念館

木切鯉遣ひ大当り大当り(部分) 歌川国貞 山口県立萩美術館・浦上記念館

坂東<ruby>三津<rt>みつ</rt></ruby>五郎

69

讃岐院眷属をして為朝をすくふ図（部分）　歌川国芳　山口県立萩美術館・浦上記念館

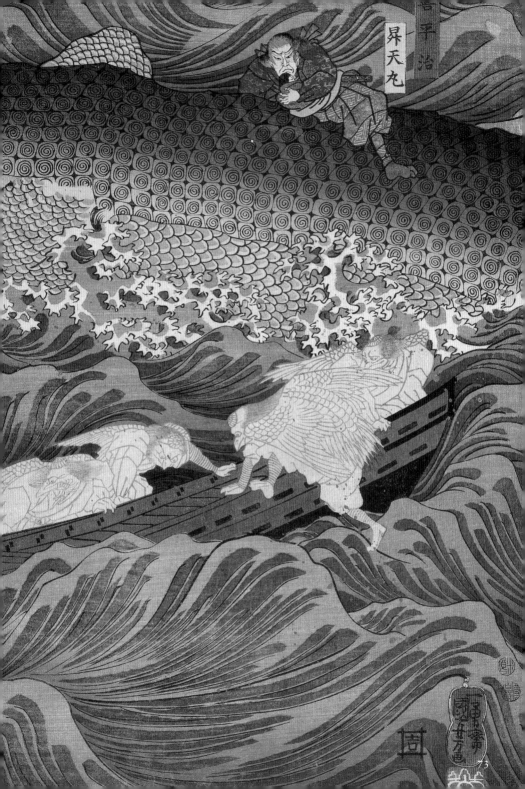

白めん姫

　讃岐院眷属をして為朝をすくふ図（部分）　歌川国芳・山口県立萩美術館・浦上記念館

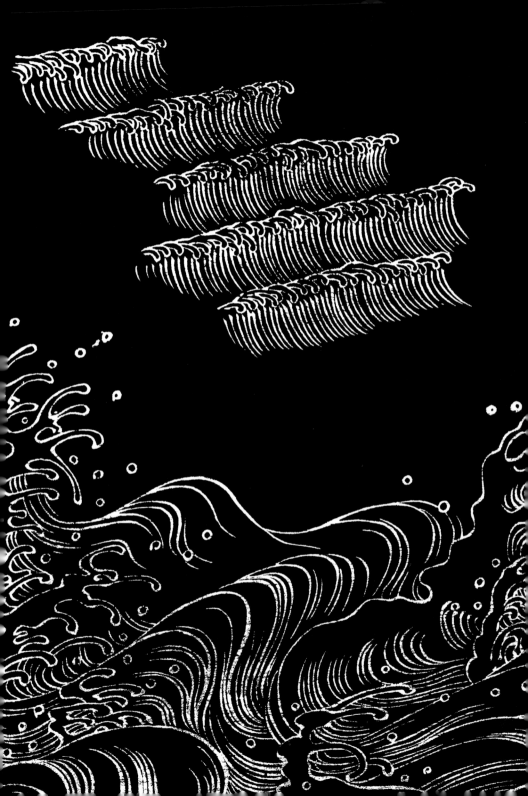

龍宮玉取姫之図（部分）　歌川国芳　山口県立萩美術館・浦上記念館

84　　龍宮玉取姫之図（部分）　歌川国芳　山口県立萩美術館・浦上記念館

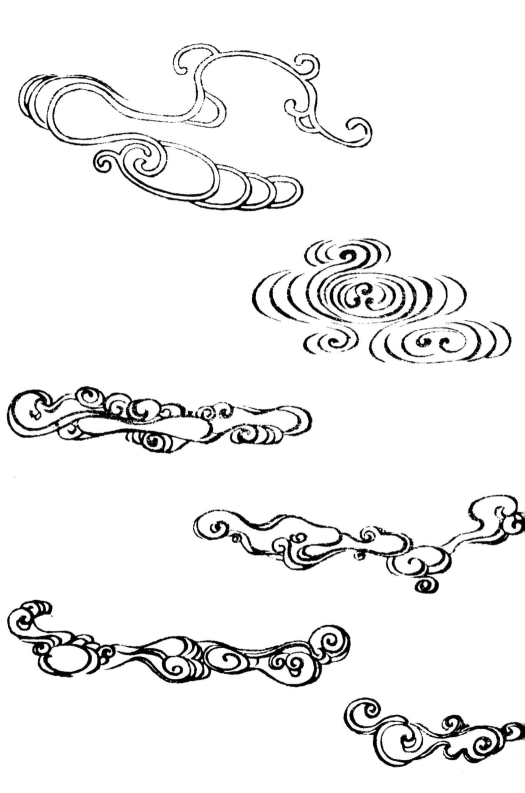

本朝名所
駿州清見ヶ關

白地梅舟模様小袖（部分）　国立歴史民俗博物館

染分花筏模様友禅染振袖（部分）　国立歴史民俗博物館　　97

水色地杜若八橋模様小袖（部分）　国立歴史民俗博物館

108　紅地鶴亀波模様振袖　国立歴史民俗博物館

染分浜松鶴模様振袖（部分）・国立歴史民俗博物館

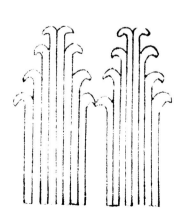

116　浅葱地高砂模様振袖(部分)　国立歴史民俗博物館

萌黄地千鳥浜松模様小袖(部分) 国立歴史民俗博物館

紅地流水片輪車模様小袖貼屏風（部分）　国立歴史民俗博物館　　121

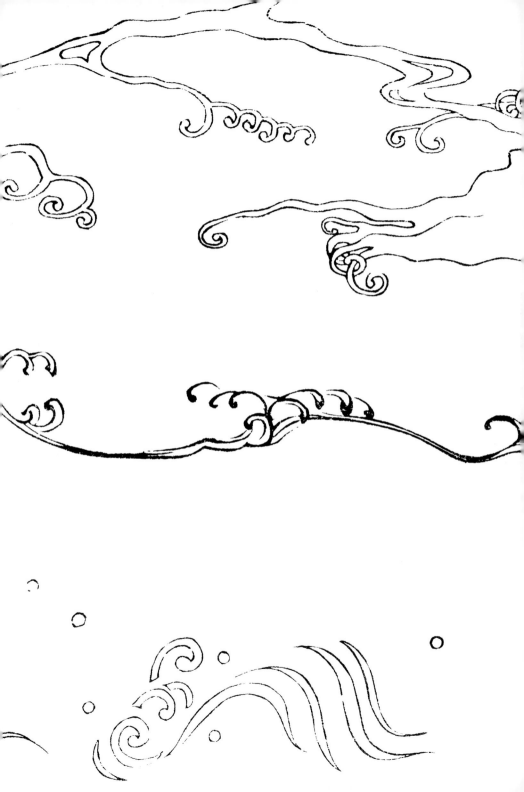

　宇治橋蒔絵小鼓胴　銘「宇治橋」（部分）　伝道本　京都国立博物館

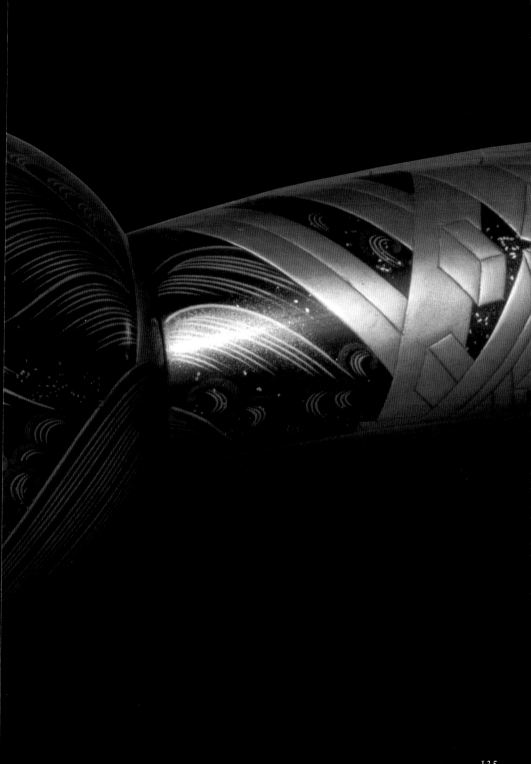

図32　蛇籠千鳥蒔絵硯箱（部分）　東京国立博物館

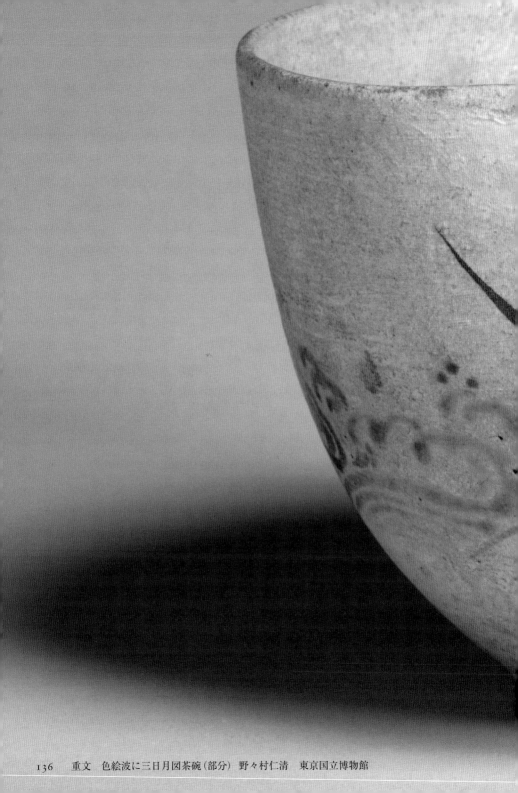

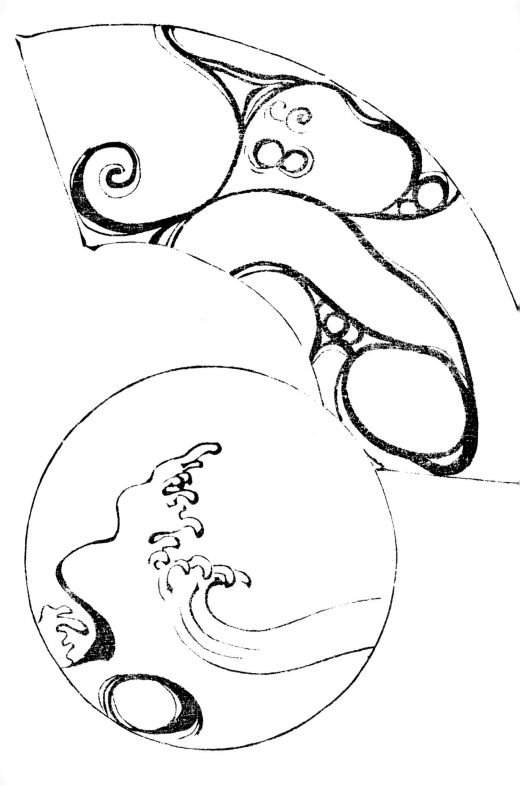

153

祇園祭・鯉山・波に千鳥文様角鉾金具

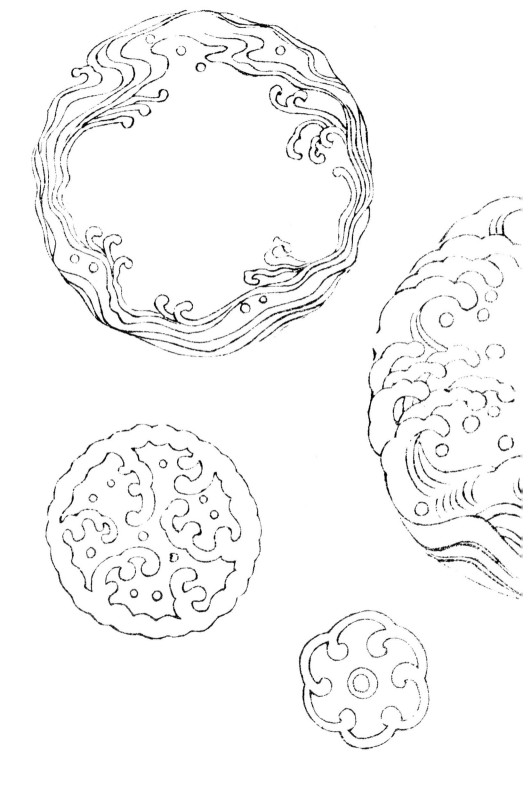

TENJIN-ISO (BEACH) AT SHINWAKAUR

碧波寄する新和歌浦天神磯

　絵葉書　碧波寄する新和歌浦天神磯

E PLACE COMMANDING
A FINE PROSPECT, SHIN-WAKAURA
翠色迫る下和歌の浦の眺望

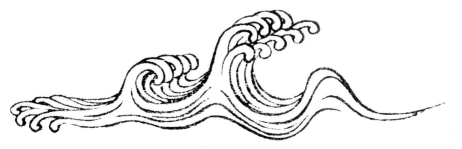

雲の図像

「雲の国」日本

　雲といえば、すでに『古事記』に「八雲立つ‥‥‥」とあるように、日本人の現実界、想像界のなかにあたりまえのように存在する。空には雲があると誰もが信じて疑わない。ところがたとえばヨーロッパに行くと、これがあたりまえではないことが了解される。イタリアでは、まったく雲がなくて抜けるような青空か、さもなくばどんよりと全天を覆う雨雲か、ほぼそのどちらかなのである。だから日本のように雲の名称が数限りなくあるわけではない。すじ雲、わた雲、うろこ雲、いわし雲、ひつじ雲、むら雲、おぼろ雲、笠雲、入道雲‥‥‥。日本人は雲と、そして雨にも、繊細な差異化をほどこしてきた。志賀重昂のように日本を松の国というのなら、また日本は雲の国とも呼ばれえよう。

　ちなみに、フランスのあの日曜画家アンリ・ルソーに「風景のなかの自画像」（1890年）という作品がある。右手に画筆、左手にパレットを持ったルソーが、万国旗で飾られた船を背景にして立つという図柄だが、その頭上にいくつかの奇妙なかたちをした雲が浮かんでいる。パリの空にもこんな雲が出ることがあるのかと感心せずにはいられないが、いえ、それにしてはなにかおかしい。画面左側の巨大な雲が、どう見ても日本の国土のかたちをしているのである。この見方はすでに指摘されたことがあるが、私もまず間違いないと思う。それかあらぬか、その雲のなかに日の丸を暗示するような小さな夕陽が浮かんでいる。パリ万博で大いにその存在をアピールすることになった日本という国が、こんなかたちで素朴画家の絵のなかに登場したというジャポニスムの一端を示すエピソードかもしれない。ルソーは、おそらく「雲の国」日本を知らずに、偶然にも日本を雲で表現したのである。

　それにしても日本には雲の文様、雲文がなんと数多く存在することだろう。飛雲、流れ雲、絵雲、雲去来、如意雲、霊芝雲、渦巻雲、散雲、連雲、一文字雲、火焔雲、蕨雲、天平雲、源氏雲‥‥‥。一般庶民が使ってきた雲の呼称とは別に、文様の世界に固有の呼称があるのだ。

　雲はまた他の事物とも結びついて、さらなる文様のヴァリエーションを生み出す。雲竜文、雲唐草、雲花文、雲鳥文、あるいは雲太鼓のような。花と鳥を組み合わせる花鳥画があれば、このように雲と他のものを組み合わせる想像力の形式をも日本人は開拓してきたのである。シュルレアリスムのデペイズマンさながら、その組み合わせの妙に誰しも驚きを禁じえないだろう。

　日本人は、その抜きがたい様式化の意志によって、雲をモティーフに無限の文様、紋章を創り出してきた。本書に見られるとおりである。

184　駿河八景図屏風（部分）　作者未詳　馬の博物館

196 南蛮屏風（左隻部分）　狩野内膳　神戸市立博物館

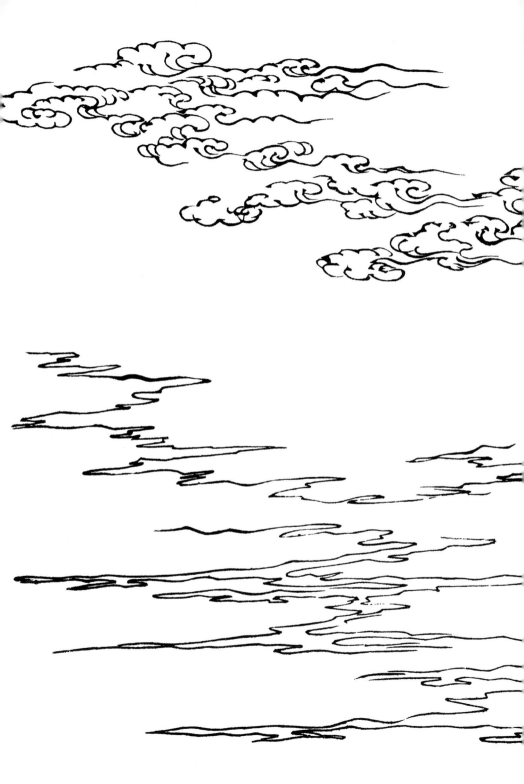

　賀茂競馬・宇治川図（右隻・宇治川図・部分）　馬の博物館

　賀茂競馬・宇治川図（右隻・宇治川図・部分）　馬の博物館

阿国歌舞伎図（部分） 京都国立博物館

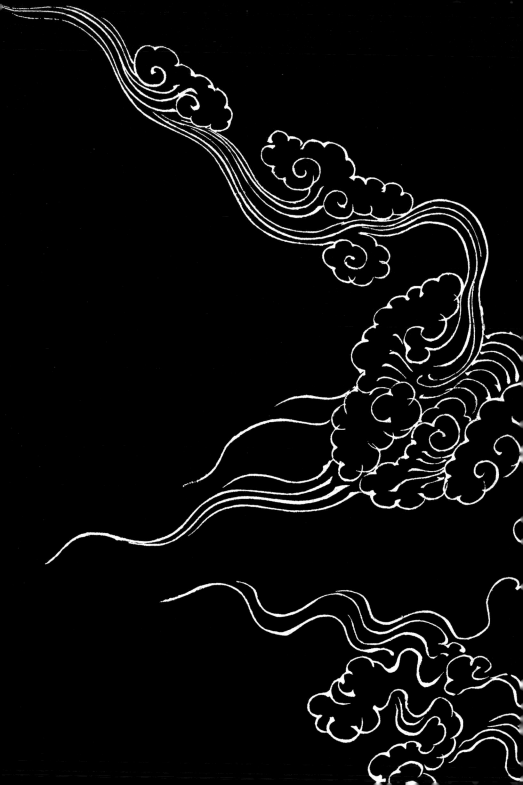

韃靼人狩猟図（右隻部分）　京都国立博物館　445

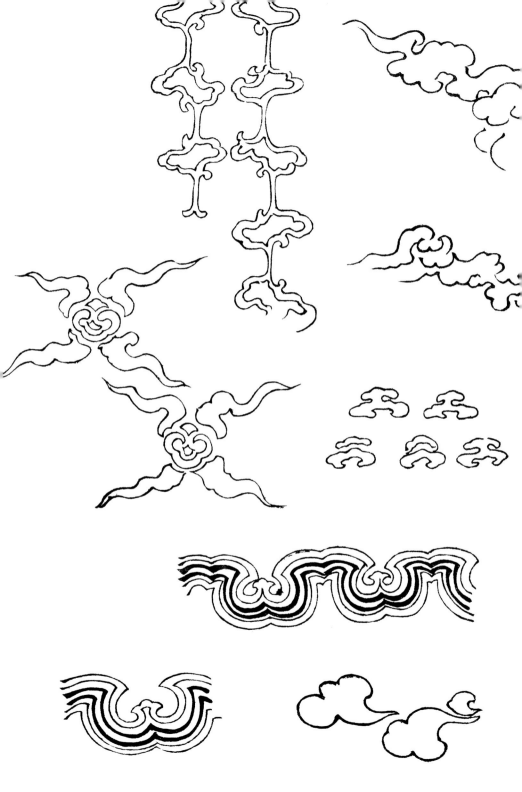

228 武蔵野図屏風（左隻部分）東京国立博物館

232　武蔵野図屏風（左隻部分）東京国立博物館

236 天橋立図襖（安政度内裏清涼殿障壁画）（部分）土佐光文

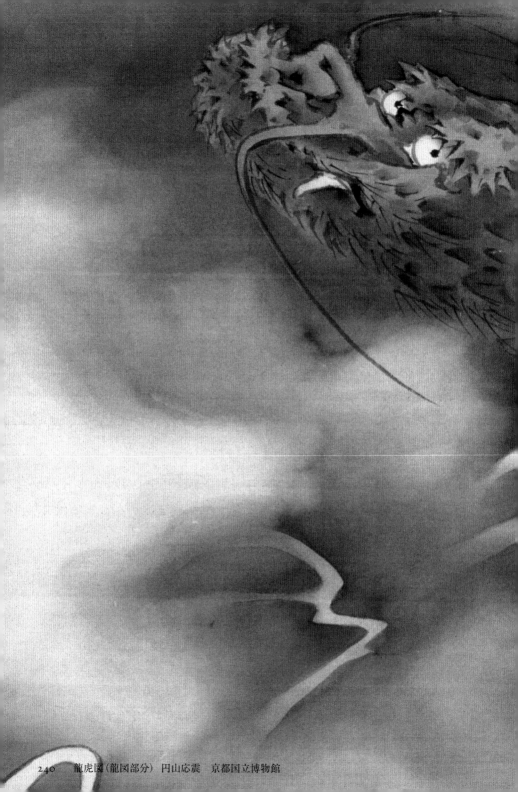

龍虎図（龍図部分）　円山応震　京都国立博物館

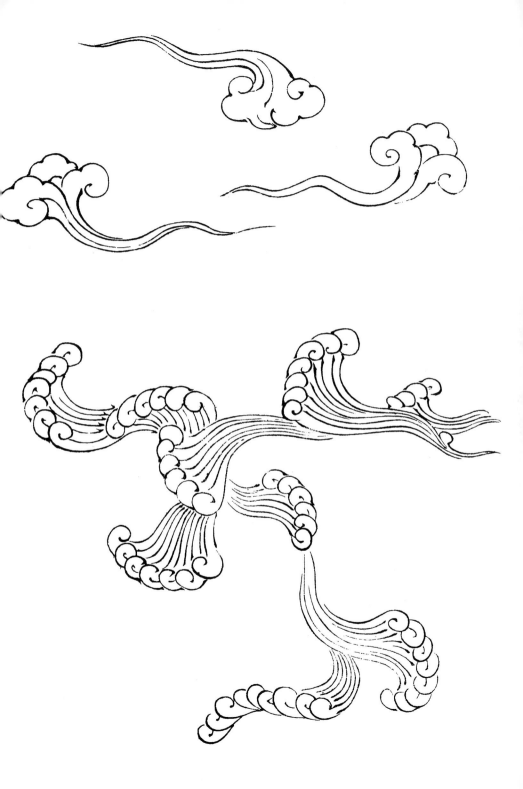

248　四季花鳥図屏風（左隻部分）　柴田是真　東京国立博物館

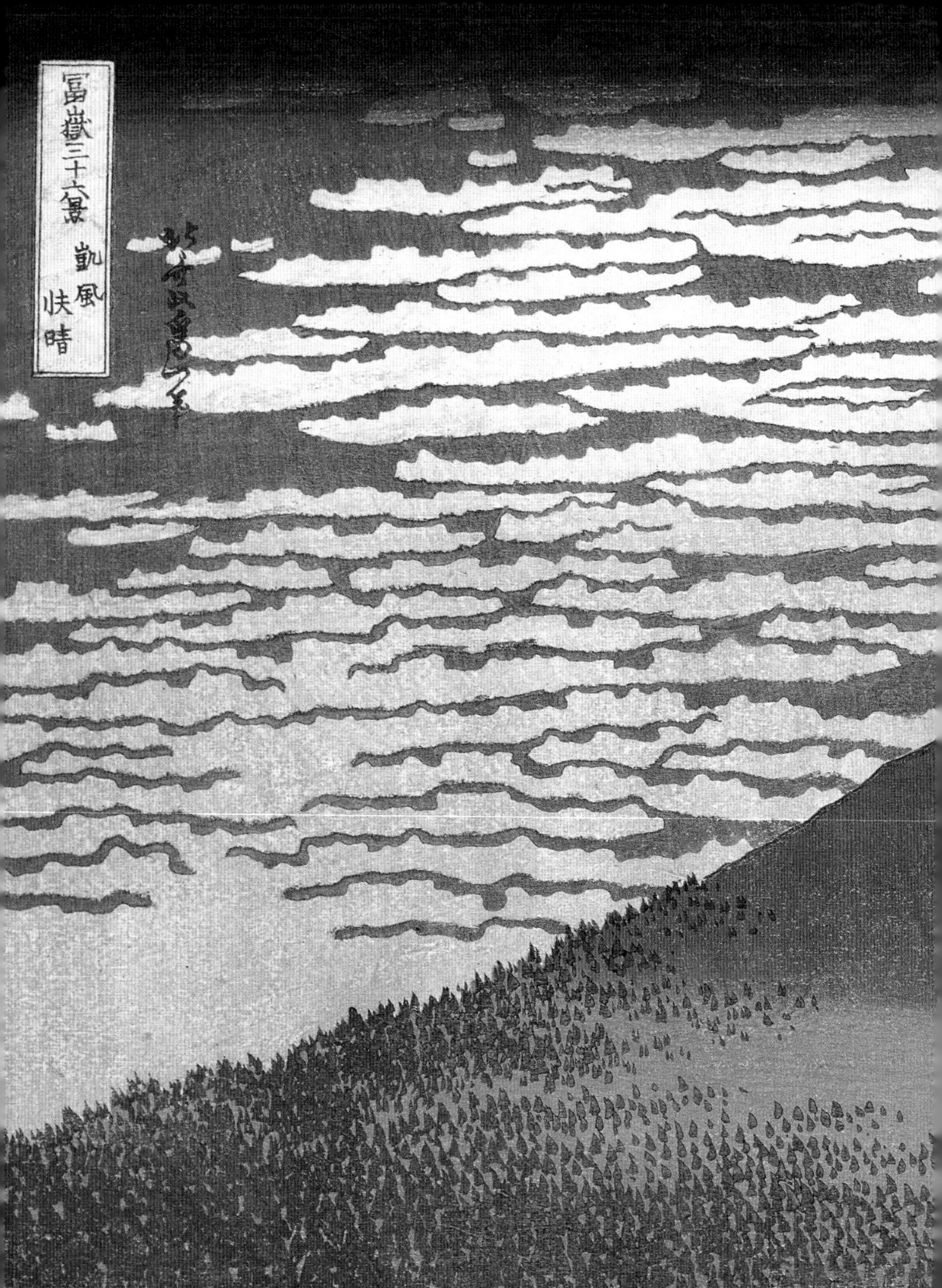

256　冨嶽三十六景　凱風快晴（部分）　葛飾北斎　山口県立萩美術館・浦上記念館

白地御簾檜扇模様打掛（部分）　国立歴史民俗博物館蔵

268　染分桜御簾模様小袖(部分) 国立歴史民俗博物館

　紅地御簾扇模様打掛（部分）　国立歴史民俗博物館

273

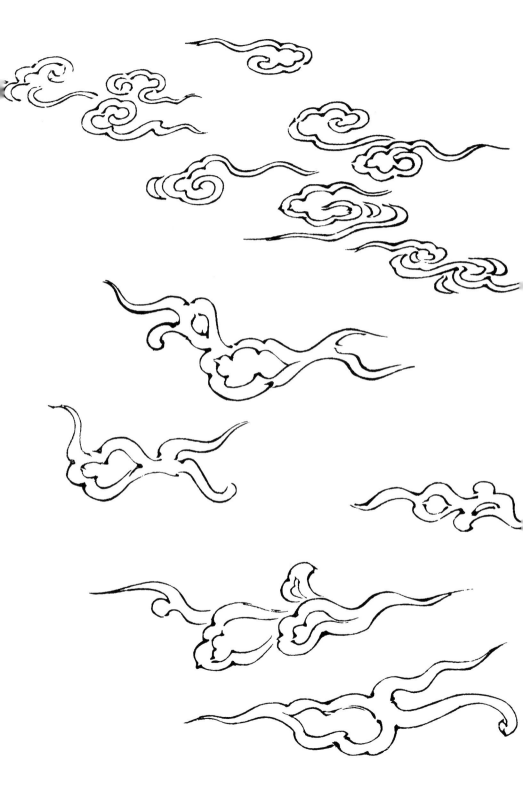

紅緑段雲矢襖鱗模様厚板（部分）
東京国立博物館

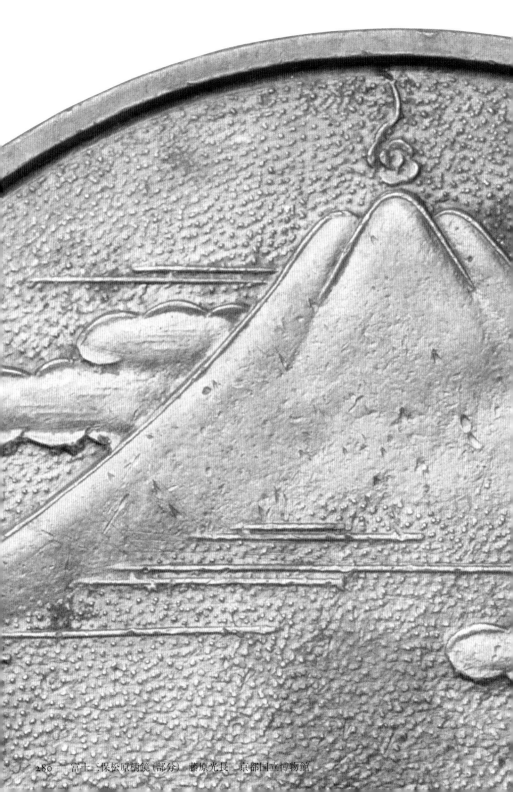

行發店書田蔦　　BEACH OF HAGOROMO MIHO.　　濱の衣羽保三

絵葉書　　三保羽衣の濱

（行發店書田蔦）　　SCENERY OF HAGOROMO SEACOAST.　　（二其）　光風の濱海衣羽

絵葉書　　羽衣海濱の風光

三保松原の望岳　興津波碧一樓水口屋　長電記六號

絵葉書　三保松原の望岳

（櫻田書店發行）　VIEW OF MT FUJI FROM SAISHOKAKU MIHO　三保最勝閣の富士

絵葉書　三保最勝閣の富士

P1

松の図像

風景のなかの「松」

　松といえば、私には必ず思い出される三島由紀夫のエピソードがある。これはドナルド・キーンのエッセイのなかに出てくる話だが、三島がある樹を指さして、「あれは何の樹?」と植木屋に尋ねたところ、「雌松です」という答えが返ってきた。すると三島は、「雌松ばかりで雄松がなくて、どうして子松ができるの?」と訊いたというのである。キーンは、このエピソードを語りながら、三島が植物にまるで疎かったと主張しようとしているのだが、この件については私は三島に同情を禁じえない。

　三島が植物や花にまったく疎かったという話に簡単に与するわけにはいかない。実質的な処女小説のタイトルが、なにせ「花ざかりの森」である。三島の植物的想像力とでもいうべきものについて考えることすらできると私は思うが、いまともかく問題は松である。たしかに三島は、アカマツを雌松といい、クロマツを雄松ということ、そしてこれらの名称は、一方の葉が比較的短くて柔らかく、幹も赤味を帯びているのに対し、他方の葉が比較的長くてこわく、幹も灰黒色であるという、ひとえに外見の印象から来ているので、生物学的な雌雄とは関係がないことなどを知らなかったらしい。しかし、この一点をもって三島の植物学的知識が皆無であると断罪するのは酷というものであろう。

　いずれにせよ、日本の松はアカマツとクロマツによって構成される。双方とも雌雄同株であって、性差とは無関係である。雌松と雄松という名称は、いうなればジェンダーを示すのであってセックスではない。もっとも、アカマツとクロマツが交配することもあり、根元の部分で合体して、その上部がまた二つに別れて、それぞれの特徴を示している松のことを相生の松といったりすることもあるからややこしい。これは男女合体、夫婦和合の姿を表してめでたいとされているのである。

　いずれにせよ、松は日本のどこにでも自生する、日本を代表する樹であるといっていい。日本は桜の国というのが自他ともに通り相場になっているが、志賀重昂の『日本風景論』(1894年)は、これに異を唱えて、「松や、松や、なんぞ民人の性情を感化するの偉大なる」と熱っぽく語っている。日本は松の国だというのである。志賀は松のうちに偉大な倫理的存在を見ている。どんな過酷な状況においても常に緑を保ち毅然としたその姿に節度と忍耐、不撓不屈の精神を感じるのである。常盤木といわれる所以である。松がしばしば冬の景物として登場し、白雪と組み合わされるのも、そうした倫理的観点と無関係ではない。ここでもう一度、源実朝の歌を引こう。

　　磯の松いくひささかにかなりぬらん
　　　いたく木高き風の音かな

吉野山或相寺

孤高に立つ松に己れの姿を重ね合わせていることは間違いない。これも倫理的観点からする松のひとつのありようではある。

　実朝が、しかしここで「風の音」という表現をしていることに注意しよう。これは松をめぐる日本の伝統と鋭く交叉する表現だからだ。松に吹く風、またはその音を松籟という。松風、松韻、松聲という表現もある。松の葉が風によって立てるさやさやという独特の音を指す言葉である。

　禅寺の境内には松の樹が多く、禅僧たちは松籟を聴き、心を澄まして悟りに至ろうとする。これも修行のひとつなのである。「聴松」という言葉すらある。実朝が「風の音」という表現を用いたとき、こうした伝統を多少とも意識しなかったはずはない。視覚的に孤高な存在として映じた松は、また聴覚的に精神の透明も暗示するものだったのである。長谷川等伯の「松林図」は、あまたある松の絵のなかでも際立ってすばらしい作品だが、これも視聴両覚に訴えてくるというべきではあるまいか。

　もっとも、江戸時代になると松籟も禅的な高みから庶民的なレベルにまで降りてきたともいえそうで、芭蕉はこんな句を詠んでいる。

　　松風や軒をめぐりて秋暮れぬ

　日常生活のなかに松がさりげなく定着している様子が感じられる。もとより松の樹のあるのは、共同空間でなければ、個人的にはやはり屋敷や邸宅であろうから、芭蕉の「松風」は、それなりに生活の一定のレベルを前提としていると見なければなるまい。

　ところで、能に「松風」というのがある。松風と村雨の姉妹の物語だが、この内容はさておき、能舞台の後座背面の鏡板には必ずといっていいほど松が描かれている。これは、松が依代となって神仏や霊が一時的に姿を現わす「影向」という概念の視覚化である。依代とは、英語でいえば《medium》に相当するだろう。人間と神、人間界と異界の通路になる「媒介」であり「霊媒」である。奈良の春日神社の境内にある影向松が有名だが、秀吉の伏見桃山城造営の際に、築城とともに造られた能舞台正面に、この春日神社の影向松が描かれたと伝えられる。これが能舞台の鏡松のはじまりだという。

　いずれにせよ、松の樹の下で芸能を演じることが、いつの頃からか行われていたのであり、それは松にある種の霊性が感得されていたからに相違ない。松の樹脂による松明に照らされた薪能は、異界劇としての能の特徴を何にもまして表現しているというべきだろう。

　正月に家屋敷の門に立てられる門松という習慣も、もちろん松の節度、忍耐、長寿、繁

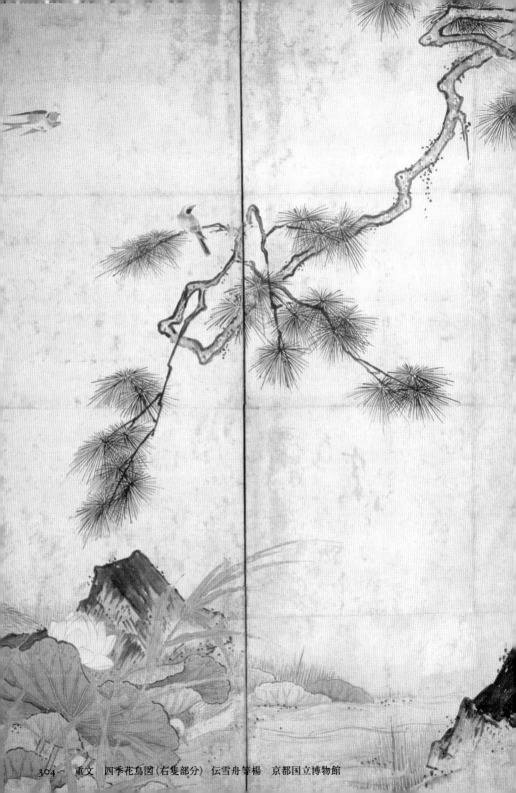

栄という瑞木としてのシンボリズムに支えられていることは確かだが、同時に松がこの世とあの世、俗と聖とを媒介する存在であることも関係しているに違いない。それは、具体的に意識せずとも、やはり神を称え神を迎え入れる装置なのである。

　ともあれ、松は日本の風景に不可欠である。陸奥の松島、丹後の天の橋立、三保の松原のような景勝地は、もとより松林の存在によって成立しているが、もともと日本の名所とは、松林があって、しかも和歌で詠われている場所のことなのである。寝殿造りの庭は諸国の名所を模して造られた。それは、レヴィ＝ストロースの言葉を用いれば、文字どおり自然の「縮減模型」である。そうした名所ではなくとも、里山の松林、浜の松原、そして稲田が、いわば日本の原風景を構成するともいえるだろう。

　高砂の松、一乗寺下り松、お宮の松……等々、史実や文学作品における松のエピソードについて考察していたら、きりがない。それほど松は日本の想像界にしっかりと根を張っている。なかでも富士山に浜の松原という風景は、日本の想像界における常套（クリシェ）になってしまったが、ことほどさように松は日本の風景に不可欠の存在なのである。私事にわたって恐縮だが、私の住まいは杉並区松ノ木であり、自宅の門の横には、まぎれもない雌松＝アカマツが高々と聳えている。これは、門の左右対称を嫌った日本人が植えたとの習慣から来ているとの説もあるが、文字どおり永続的な門松になっているのである。

　もちろん、松は日本以外にも、たとえばイタリアなどでは頻繁に見られる。しかしイタリアの松は幹の下方に葉がなく雲のように上部だけに葉が集中する笠松が圧倒的に多い。ヴィラ・メディチのアカデミー・ド・フランスの庭園などは、この笠松の群生によって、なかなかに見事な風情をたたえているが、やはり総じて日本の松の景色とは比較にならない。

　様式化の意志。これは20世紀初頭のヨーロッパにおける抽象美術の生成に対して芸術学者たちが用いた表現だが、その文脈を離れて、私は広く日本の美術・文様の世界に対してこの言葉を適用したい。特に様式化の意志が純粋に結晶したものが文様と呼ばれる。

　本書において読者は、波、雲、松をモティーフとする日本人のあくなき様式化の意志を目のあたりにされることだろう。

312　浜松図屏風（左隻部分）　海北友松　宮内庁三の丸尚蔵館

国宝　源氏物語関屋澪標図屏風（澪標図・部分）俵屋宗達　清嘉堂文庫美術館　317

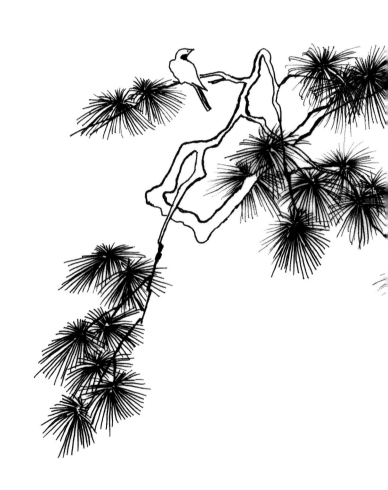

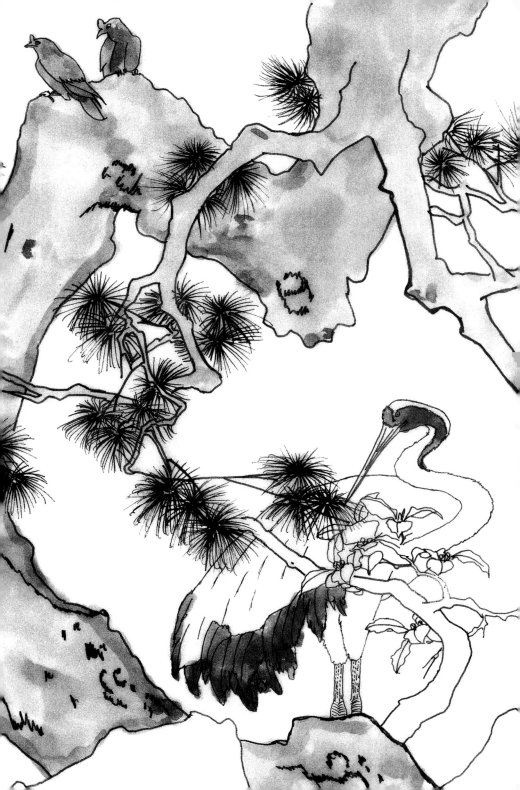

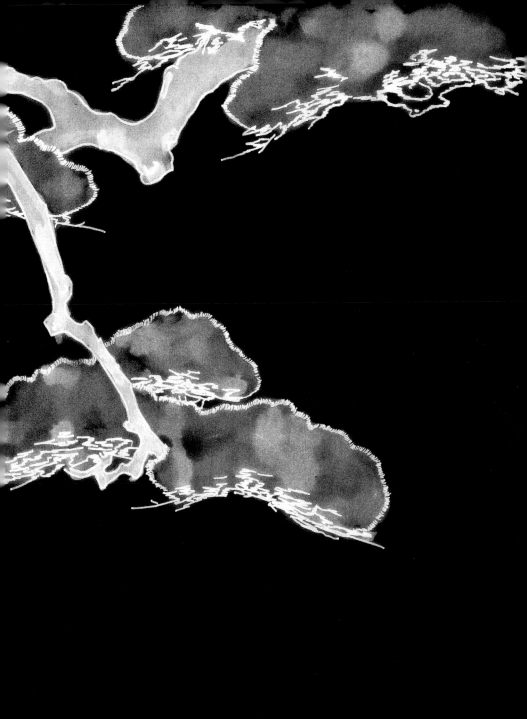

333

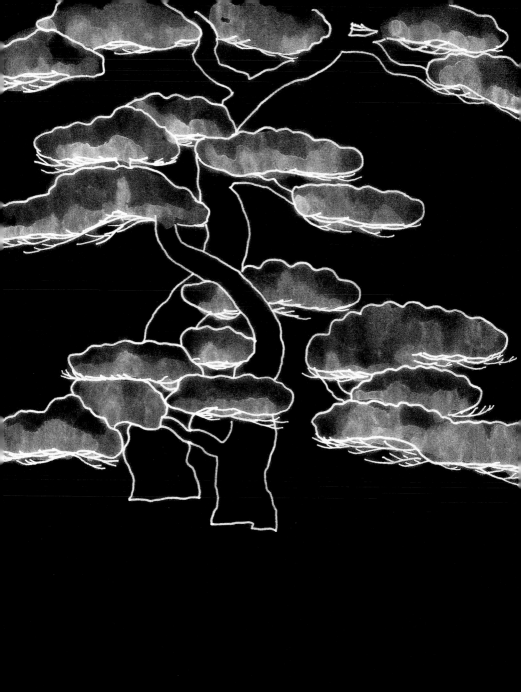

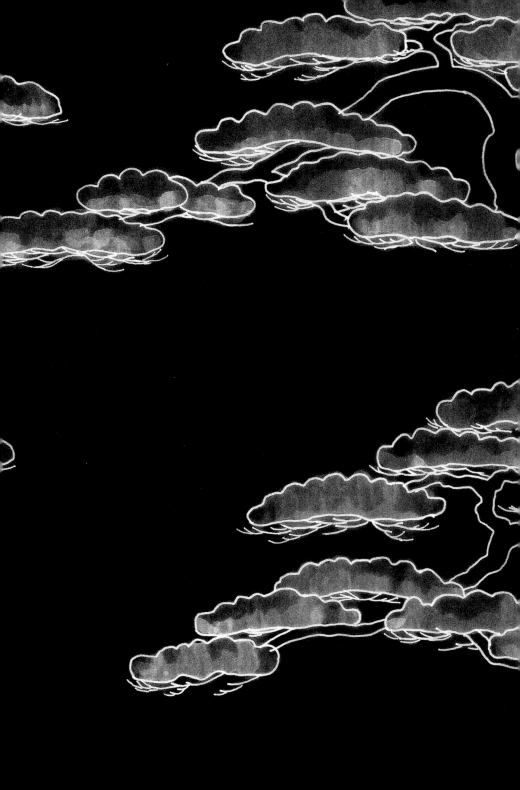

344　松島図襖（安政度内裏清涼殿障壁画）（部分）　土佐光文　宮内庁京都事務所

345

348　　塩竈浦図襖（安政度内裏皇后常御殿障壁画）（部分）　円山応立　宮内庁京都事務所

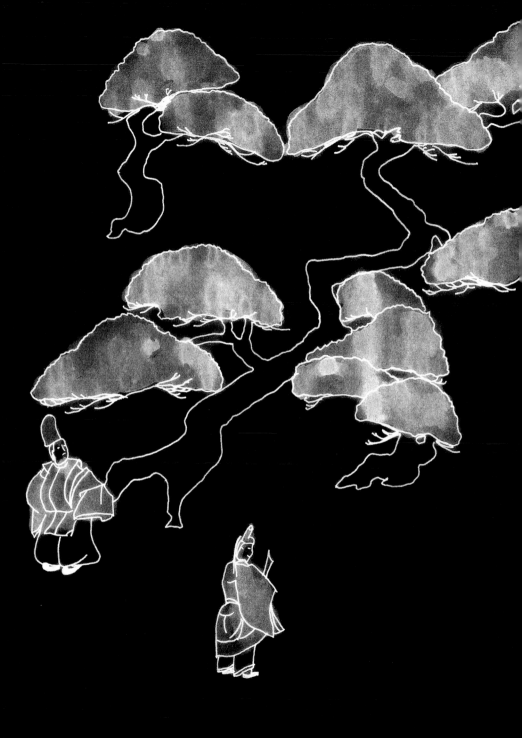

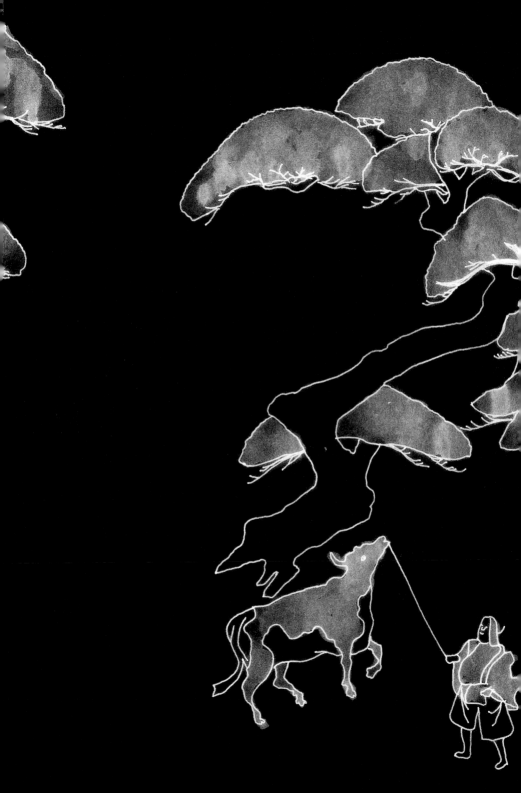

353

356　白地松梅模様打掛　国立歴史民俗博物館

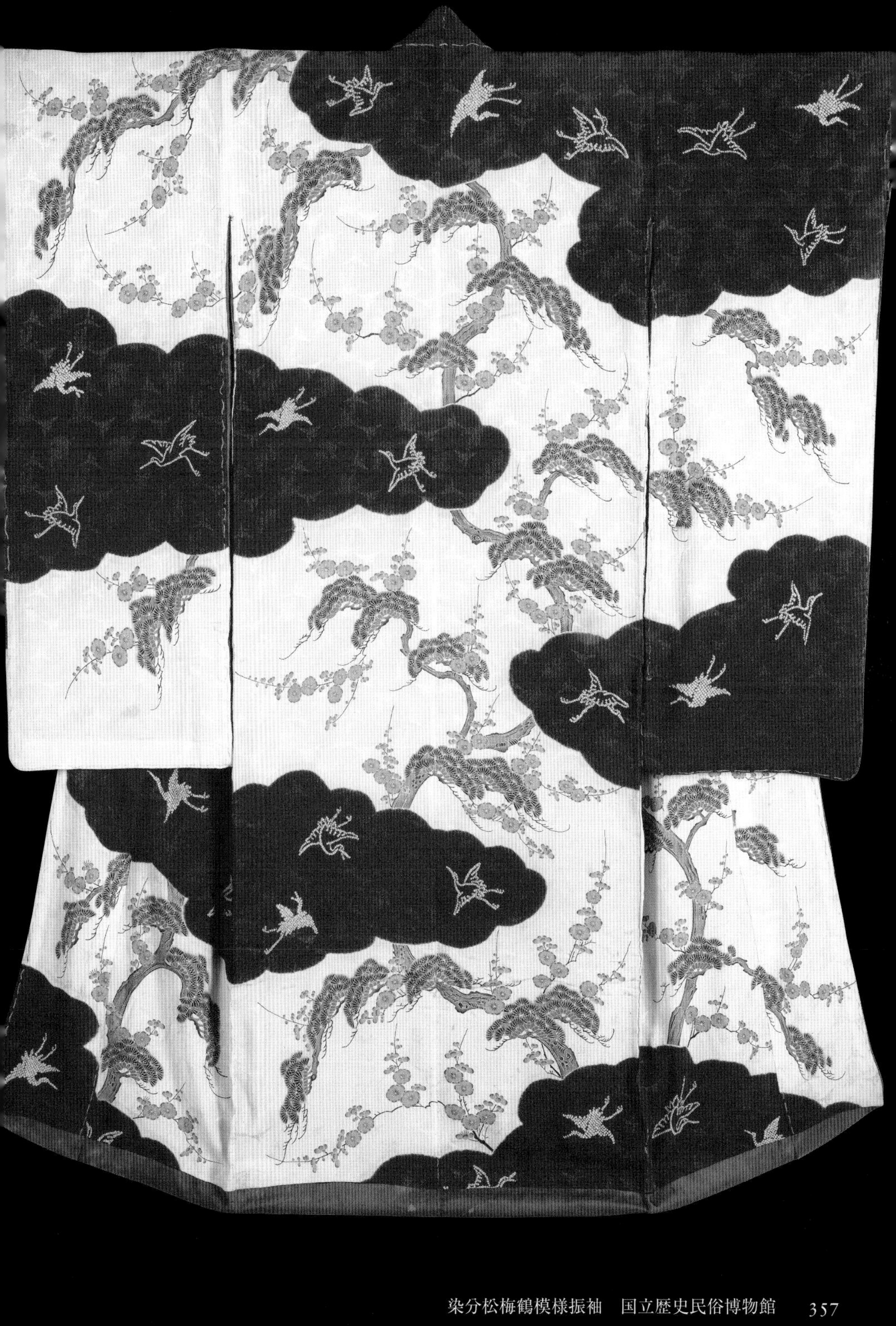

染分松梅鶴模様振袖　国立歴史民俗博物館

白地松芦扇面舟帆浦字模様小袖貼屏風（部分）　国立歴史民俗博物館　　361

　紫地鷹狩模様振袖（部分）　国立歴史民俗博物館

白地松桜芦茅屋網干波模様帷子　国立歴史民俗博物館

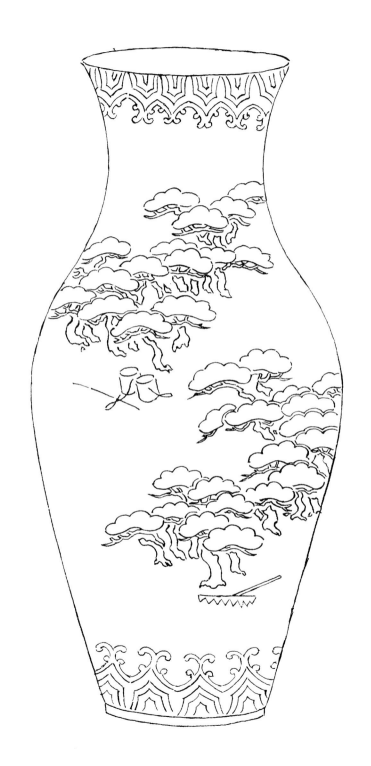

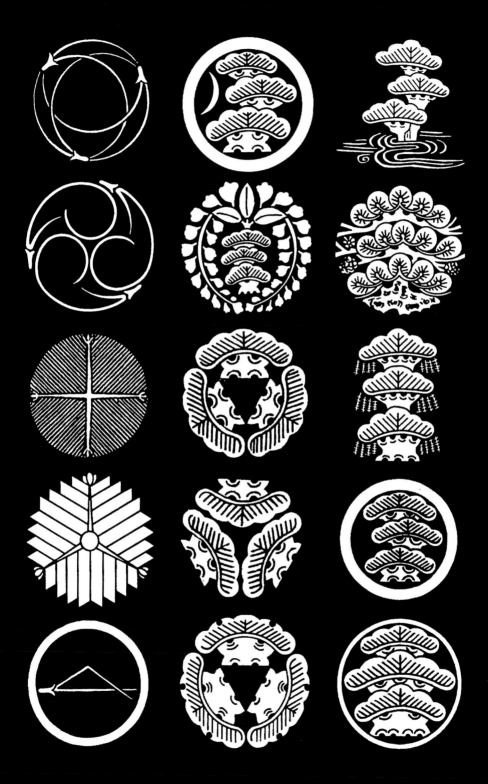

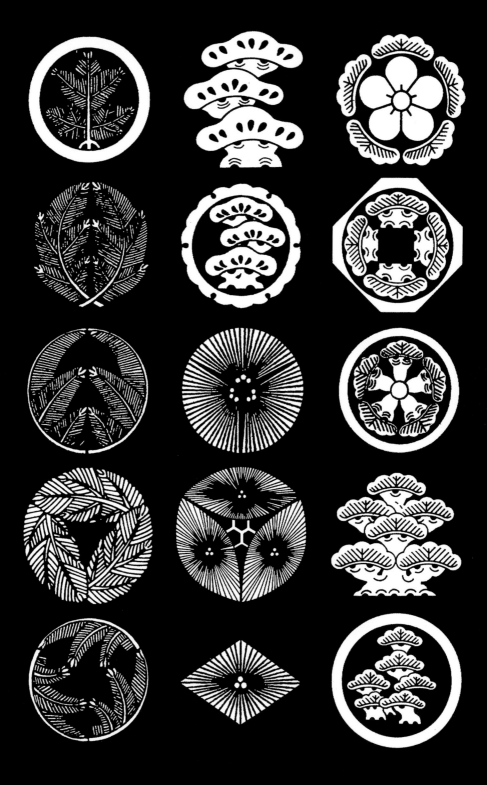

違鷹羽紋入流水若松蒔絵鏡筥（部分）　京都国立博物館

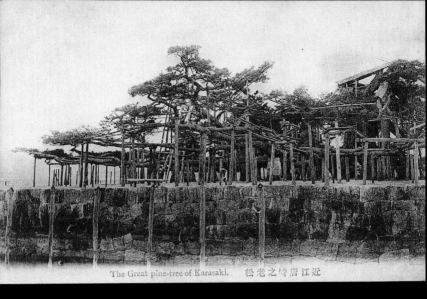

The Great pine-tree of Karasaki. 近江唐崎之老松

絵葉書　近江唐崎之老松

（発行店書山豊）　HAGOROMO PINE MIHO SHRINE.　御穂神社羽衣松

絵葉書　御穂神社羽衣松

丹後 天橋立之全景
THE WHHOLE VIEW OF AMANOHASHIDATE.

島　木　材　　　　（所名島松）

絵葉書　松島名所　材木島

堂　大　五　　　　（所名島松）

松島名所　五大島

島 ト ブ カ　　　（所名島松）

松島名所　カブト島

島 黒 大　　　（所名鳴松）

松島名所　大黒島

作品解説

凡例

◎作品解説のデータは、掲載頁、指定（国宝・重文）、作品名、作者名、員数、材質・技法、寸法、制作年代・所蔵の順に掲載している。
◎法量の単位はセンチメートルで、特に表記のない場合はすべて縦x横である。
◎本書に掲載している美術品は、屏風絵・襖絵・軸、浮世絵、染織、漆器、陶磁の順に掲載している。
◎作品解説は絵画のみとし、その他はデータを掲載している。

---

p. 8.9.176.177.180.181.308.309
重文　浜松図屏風（左隻）
六曲一双　紙本着色　各106.0×312.5cm　室町時代
東京国立博物館　Pines along the Shore

浜辺の風景を中心に、画面の前方には四季の草花や群れ飛ぶ小鳥が描かれる。後方には人物、ここでは狩猟か合戦に赴く武士の一行や、松陰に閑をとる商人が見受けられる。浜辺の松林を描く「浜松図」は多くあるが、この浜松図は花鳥画と風俗画の要素を併せ持っている。

---

p. 12.13.16.17.312.313
浜松図屏風　海北友松
六曲一双　紙本金地着色　各162.0×355.0cm　慶長10年（1605）
宮内庁三の丸尚蔵館　Pines along the Shore, Kaiho Yusho

大画面に広がる洲浜がやまと絵の手法で描かれ、海原や流水の遠近に配された松林が全体の構図を引きしめている。右隻に千鳥、左隻に燕の一群が描かれ、松の葉叢と岩には鮮やかな緑青、波文は銀泥で青海波を描く。海北友松（1533-1615）は漢画において独自の画境を打ち立てた。

---

p. 20.21.316.317
国宝　源氏物語関屋澪標図屏風（澪標図）俵屋宗達
六曲一双　紙本金地着色　各152.0×355.0cm　江戸時代
清嘉堂文庫美術館
Scenes from the Tale of Genji: The Gatehouse and the Channel Buoys, Tawaraya Sotatsu

この屏風には『源氏物語』の二帖が描かれている。「関屋図」は、逢坂関にさしかかった時、石山寺詣での源氏が行列に突然出合う。秋の逢坂関を背景に行列の様子が見られる。「澪標図」では、明石の上の船と源氏の車に硯を差し出す惟光の姿が描かれている。

---

p. 24.25.28.29.184.185.188.189.324.325
駿河八景図屏風
六曲一隻　絵本着色　170.0×372.0cm　馬の博物館
View of eight sceneries in Suruga Province

雄大な富士の裾野に広がる駿河湾に、廻船が行き交い、入江では漁をする小舟が浮かぶ。左方には興津の宿場が賑わいをみせ、中央には海辺の街道を馬の背に揺られて通る旅人の姿がある。浜辺は白砂青松の趣で、馬が放たれている。

---

p. 32.33.36.37.200.201.204.205.332.333
賀茂競馬・宇治川図（右隻宇治川図）
六曲一双　紙本金地着色　各147.0×343.0cm　馬の博物館
Kamo Ritual Horse Racing: Uji River

ここに描かれているのは賀茂祭の神事として上賀茂別雷神社（上賀茂神社）境内馬場で行われる賀茂競馬と、宇治川の景を六曲一双とした屏風である。ここでは宇治川図のみだが、芝舟や宇治橋を行き交う商人や人馬、川岸を歩く人々が描かれている。

---

p. 40.41.44.45
波濤水禽図（右隻）　狩野探幽
六曲一双　紙本着色　各160.5×359.5cm　江戸時代
静嘉堂文庫美術館　Waves and Birds, Kano Tan'yu

ここに紹介する右隻には、海に浮かぶ鴎や鵜が描かれている。渦巻く波濤や岩の描き方に典型的な狩野派風の味わいが見てとれる。左隻には湖であろう波間につがいの鷺鴦と鴨が描かれている。

p. 48.49

重文　夏秋草図（右隻）　酒井抱一
二曲一双　紙本銀地着色　各164.5×182.0cm　江戸時代
東京国立博物館
Spring and Summer Grasses, Sakai Hoitsu

尾形光琳筆「風神雷神図屏風」の裏面に描かれたもので、「風神雷神図」が金地に対し、草花の叙情性を高めるため銀地に描いている。画面右上の流れを表わすの曲線のうねり、放物線状に描かれた薄の緑の葉陰に白百合と石竹の朱が鮮やかである。

p. 52.53

冨嶽三十六景　神奈川沖浪裏　葛飾北斎
錦絵　大判一枚　天保初年頃（1830-44）
山口県立萩美術館・浦上記念館
Thirty-six viwes of Mt.Fuji: The great wave off Kanagawa, Katsusika Hokusai

今にも崩れ落ちる大波と、波間に静謐な姿を表わした富士。弧を描いた波底に飲み込まれそうな二隻の小舟。自然の力と人間の力が対比され、大らかな大自然の雄大さが描かれる。「凱風快晴」「山下白雨」と並んでシリーズ中の傑作として知られる。

p. 56.57

冨嶽三十六景　御厩川岸より両国橋夕陽見　葛飾北斎
錦絵　大判一枚　天保初年頃（1830-44）
山口県立萩美術館・浦上記念館
Thirty-six viwes of Mt.Fuji: Watching the sunset over Ryougoku Bridge from the bank of Sumida at Oumaya-gasi, Katsusika Hokusai

舟に乗り合わせた人々13人、もう一方の舟では布を洗っている。遠景に浮かぶ両国橋と向こう岸はシルエットで表わされている。広々とした川面に描く曲線が美しい。この舟に乗り込んだ鳥刺しの持つ竿の線が空間を引きしめている。

p. 60.61

冨嶽三十六景　甲州石斑澤　葛飾北斎
錦絵　大判一枚　天保初年頃（1830-44）
山口県立萩美術館・浦上記念館
Thirty-six viwes of Mt.Fuji: View from Kajikazawa in Kai Province, Katsusika Hokusai

荒磯に打ち寄せる白波と静かな山容を表わす富士。その中で生活を営む漁師の姿を淡々と描いている。中景を省略することにより、描かれた自然空間の中で漁をする漁師の姿が象徴的に浮かび上がっている。

p. 64.65.68.69

大切鯉遣ひ大当り大当り　歌川国貞
錦絵　大判三枚続　山口県立萩美術館・浦上記念館
Catching a Giant Carp-What Luck! ,Utagawa Kunisada

近松半二作の院本『天竺徳兵衛郷鏡』が原作で、天保3年8月河原崎座で上演された『天竺徳兵衛韓噺』を取材した作品である。画中に役者名と役柄名が書かれており、右から「浮世又平　坂東三津五郎　木津川与右衛門　尾上菊五郎　かつしかお十　岩井粂三郎」。

p. 72.73.76.77

讃岐院眷属をして為朝をすくふ図　歌川国芳
錦絵　大判三枚続　嘉永3-5年（1850-52）
山口県立萩美術館・浦上記念館
Tametomo saved by relatives of Sanuki-in, Utagawa Kuniyoshi

波に飲まれそうな船上の為朝を救う烏天狗。嵐に狂う波間に奇怪な大鰐鮫を大判三枚にわたって豪快に捉えている。曲亭馬琴の読本『椿説弓張月』に想を得てその情景を描いている。現実と非現実の対比が不思議な画面効果を上げている。

p. 80.81.84.85

龍宮玉取姫之図　歌川国芳
錦絵　大判三枚続　嘉永6年（1853）
山口県立萩美術館・浦上記念館
Princess Tamatori in the Palace of the Dragon's King, Utagawa Kuniyoshi

荒れ狂う大波の上方に描かれているのは、嘉永6年（1853）軍艦4隻、800名の兵士を率い浦賀に来航したペリー提督の軍艦であろう。この年に浮世絵が版行されているところから、何か政治的な風刺が含まれているのだろうか。

p. 88

六十余州名所図会　隠岐　焚火の社　歌川広重
錦絵　大判一枚　嘉永6年（1853）
山口県立萩美術館・浦上記念館
Famous Places in the Sixty-odd Provinces: Takuhi Shrine, Oki, Utagawa Hiroshige

この図会は日本全国68ヶ所を描いたシリーズ。二隻の船が白波を蹴立てて進む。前方には林の中に鳥居のある陸地が見える。軸先に縄を束ねたさがりを付けた和船は弁才船と呼ばれた帆船。焚火社は隠岐諸島、西ノ島の焼火山にある焼火神社のことである。

387

p. 89
六十余州名所図会　土佐　海上松魚釣　歌川広重
錦絵　大判一枚　安政2年 (1855)
山口県立萩美術館・浦上記念館
Famous Places in the Sixty-odd Provinces: Fishing for Bonito off the Tosa Shore, Utagawa Hiroshige

土佐の伝統産業を代表する「鰹の一本釣り」を描いている。漁船が近景から遠景へとジグザグに配され、竪絵の画面に空間の奥行を出している。濃淡の藍で表現された波の描写は、文様的にデフォルメされて描かれている。

p. 92.93
本朝名所　駿州清見ヶ原　歌川広重
錦絵　大判一枚　山口県立萩美術館・浦上記念館
Famous Places of Japan: Kiyomigahara in Suruga Province, Utagawa Hiroshige

天保前期から後期にかけて断続的に刊行された横大判錦絵『本朝名所』は、全15枚が藤岡屋彦太郎から出版された。広い駿河湾を背景に秀麗な富士の姿が浮かぶ。三保の松原が弧を描き果てしなく続く光景は、日本の景観美を表わした白砂青松の原点となる風景である。

p. 96
白地梅舟模様小袖
丈151.0cm　裄66.0cm　江戸時代　国立歴史民俗博物館
Kosode with Plum Blossoms and Boats on White Ground

p. 97
染分花筏模様友禅染振袖
丈155.0cm　裄63cm　江戸時代　国立歴史民俗博物館
Yuzen-dyed Furisode in Divided Background Style with Flower-Covered Rafts

p. 100
水色地杜若八橋模様小袖
丈172.0cm　裄64.0cm　江戸時代　国立歴史民俗博物館
Iris and Zig-zag Bridge Motif Kosode on Sky-Blue Ground

p. 101
染分流水紅葉秋草模様友禅染小袖貼屏風
丈139.5cm　裄95.5cm　江戸時代　国立歴史民俗博物館
Yuzen-dyed Kosode Screen in Divided Background Style with Flowing Water, Maples, and Autumn Grasses

p. 104.105
白地流水萩模様小袖
丈170.0cm　裄63.0cm　江戸時代　国立歴史民俗博物館
Kosode with Flowing Water and Bush Clover on White Ground

p. 108.109
紅地鶴亀波模様振袖
丈164.0cm　裄61.0cm　江戸時代　国立歴史民俗博物館
Furisode with Cranes, Turtles, and Waves on Red Ground

p. 112.113
染分浜松鶴模様振袖
丈154.0cm　桁60.0cm　江戸時代　国立歴史民俗博物館
Furisode in Divided Background Style with Pines Along the
Shore and Cranes

p. 112.113
染分千鳥浜松模様振袖
丈148.5cm　桁63.0cm　江戸時代　国立歴史民俗博物館
Furisode in Divided Background Style with Plovers and Pines
Along the Shore

p. 116
浅葱地高砂模様振袖
丈158.0cm　桁63.0cm　国立歴史民俗博物館
Furisode withTakasago (Elderly Couple) Motif on Pale Green
Ground

p. 117
萌黄地千鳥浜松模様小袖
丈149.0cm　桁61.0cm　江戸時代　国立歴史民俗博物館
Kosode with Plovers and Pines Along the Shore on Grass-
Green Ground

p. 120.121
紅地流水片輪車模様小袖貼屏風
丈156.7cm　桁125.5cm　江戸時代　国立歴史民俗博物館
Kosode Screen with Flowing Water and Cart Wheels on Red
Ground

p. 124.125
宇治橋蒔絵小鼓胴
銘「宇治橋」伝道本
一口　木製漆塗　8.2×25.0cm　江戸時代　京都国立博物館
Lacquer Drum Body with Maki-e Uji Bridge Motif, attributed
to Michimoto

p. 128.129
国宝　八橋蒔絵硯箱（身下段見込）　尾形光琳
一合　木製漆塗　27.3×19.7×14.2cm　江戸時代
東京国立博物館
Lacquer Inkstone Case with Maki-e Zig-Zag Bridge Motif,
Ogata Korin

p. 132.133
蛇籠千鳥蒔絵硯箱
一合　木製漆塗　24.3×23.5×4.9cm　江戸時代
東京国立博物館
Lacquer Inkstone Case with Maki-e Bamboo Gabions and Plovers

p. 136.137
重文　色絵波に三日月図茶碗　野々村仁清
高9.1×口径12.6cm　江戸時代　東京国立博物館
Aka-e Tea Bowl with Waves and Crescent Moon, Nonomura
Ninsei

p. 140.141
御香宮神社拝殿　唐破風
Undulating Bargeboard, Gokonomiya Shrine

p. 144.145
祇園祭　月鉾・破風
Gion Festival: Bargeboard of Tsukiboko Float

p. 148.149
祇園祭　菊水鉾・後懸
Gion Festival: Tapestry on the Kikusuiboko Float

p. 152.153
祇園祭　鶏鉾・後朱印船角倉船図胴懸
Gion Festival: Drapery on the Niwatoriboko Float

p. 156.157
祇園祭　鯉山・波に千鳥文様角飾金具
Gion Festival: Decorative funiture on the Koiyama Float

p. 160.161
龍源院　東滴壺
Totekiko Pocket Garden, Ryugen'fin

p. 164.165
東海庵　壺庭
Pocket Garden, Tokaian

p. 168
絵葉書　碧波寄する新和歌浦天神磯
8.9×13.7cm　戦前
Postcard: Blue Waves Striking the Tenjin Shore of Shinwakaura

p. 208.209.212.213
阿国歌舞伎図
六曲一隻　紙本金地着色　88.0×268.0cm
桃山時代　京都国立博物館
Okuni Kabuki

画面全体に歌舞伎小屋の内部と入口付近が描かれている。舞台では刀を肩にかけたかぶき者が頬かむりした猿若を連れ茶屋のかかのもとへと通う、御国歌舞伎以来の「茶屋遊び」の踊りが演じられている。出雲の御国が「歌舞伎踊り」を始めたのは慶長8年（1602）である。

p. 169
絵葉書　暮色迫る新和歌浦の眺望
8.9×13.7cm　戦前
Postcard:Shinwakaura as Spring Approaches

p. 216.217
源氏物語絵色紙帖　初音　土佐光吉
紙本着色　25.7×22.7cm　桃山時代　京都国立博物館
The First Warbler, Tale of Genji Album, Tosa Mitsuyoshi

初春の空のけしきに映えて、新しくつくりみがかれた六条院のたたずまいはすばらしい。源氏は夕方になって紫の上の方に来て新年の祝いをのべた。そして明石の姫君の部屋を訪れた。

p. 172.173
浜辺風景
Seaside Scenery

p. 220.221.224.225
韃靼人狩猟図（右隻）
六曲一双　紙本金地着色　各158.5×345.0cm
江戸時代　京都国立博物館
Tartars Hunting

韃靼人が野生の馬や小動物を捕獲する狩猟の様子が描かれている。韃靼とは蒙古系の一部族タタール（塔塔児）の称。その後、蒙古民族全体の呼称となった。ここに描かれた画題は武家の御用絵師であった狩野派が得意とする内容である。

p. 192.193.196.197.328.329
南蛮屏風　狩野内膳
六曲一双　紙本金地着色　各154.5×363.2cm
慶長頃(1596-1615)　神戸市立博物館
Nanban Screen , Kano Naizen

豊臣家の御用絵師、狩野内膳が描いた南蛮屏風。左隻にはゴアかマカオの港を想定した異国の風景と、出帆するポルトガル・カラック船が描かれている。右隻は長崎とおぼしき海港への入港風景と、カピタンの行列が見られる。

p. 228.229.232.233
武蔵野図屏風（左隻）
六曲一双　紙本金地着色　各154.5×360.6cm
江戸時代　東京国立博物館
Musashi Plain

屏風全面を三層に分割し、下方に緑青の帯、その上には金砂子を蒔いた素地、そして上方に金箔の雲、その上の空の部分に富士の嶺が描かれている。下方の緑青帯からの草や薄の細やかな線は垂直に交叉し、心地よい文様を描き出している。

京都御所清涼殿に描かれた障壁画で、布障子に描かれている。風景描写というよりはイメージ性が強く強調されている。画中に貼られた色紙には「なにとをく　晴れわたる夜の　月かけに　まつのかすみる　あまのはしたて」と和歌が書かれている。

円山応震（1790-1838）は、円山応挙の孫で木下応受の子。円山派の画風を忠実に守って、山水・人物・花鳥画と幅広い画域をこなした作品が残る。ここに紹介した龍図も応挙の範囲を超えるものではないが、応震の代表作と呼べる作品である。

柴田是真（1807-91）は幕末・明治時代の蒔絵師、絵師であった。蒔絵を古満寛哉に学び、絵を円山四条派の鈴木南嶺、岡本豊彦に学んだ。大画面には、華やかに池辺に咲き誇る立葵や菖蒲など、四季の花卉が描かれる。空には一群れの鳥がたなびく雲間を飛翔する。

晴れわたる穹天に悠然と姿を表わした富士。雲の湧き出る甲腹、稲妻走る山麓、刻々と変化する天候を見事にとらえている。

浮世絵を代表する作品として"赤富士"の名で親しまれている。藍色の積層する鰯雲の中に赤く染まった雄大な富士を捉え、山麓には深い緑の広大な樹海が描かれている。構図、色調ともにすばらしいできばえである。

富士の雄姿の中景を大胆な霞雲で省略し、一隻の舟を波間に浮かべる。川の流れを木版の持ち味を生かし、ぼかしでうまく表現している。爽やかな色彩を明快な構図で人気ある作品に仕上げている。

p. 272.273
紅地御簾扇模様打掛
丈172.0cm　桁61.5cm　江戸時代　国立歴史民俗博物館
Uchikake with Bamboo Blinds and Fans on Red Ground

p. 288
絵葉書　三保羽衣の濱
9.2 × 14.3cm　戦前
Postcard: The Miho Hagoromo Shore

p. 276.277
紅緑段雲矢襖鱗模様厚板
丈150.2cm　桁68.0cm　江戸時代　東京国立博物館
Atsuita (Noh costume) with Red and Green Bands of Clouds,
Row of Arrows, Triangles

p. 288
絵葉書　羽衣海濱の風光
9.2 × 14.3cm　戦前
Postcard: The Hagoromo Coast

p. 280.281
富士三保松原柄鏡　藤原光長
一面　径13.3cm　縁高0.3cm　京都国立博物館
Mirror with Mt. Fuji from Miho-no-Matsubara, Fujiwara
Mitsunaga

p. 289
絵葉書　三保松原の望岳
9.2 × 14.3cm　戦前
Postcard: Bogaku, Miho Matsubara

p. 284.285
祇園祭　鶏鉾
Gion Festival: Niwatoriboko Float

p. 289
絵葉書　三保最勝閣の富士
9.2 × 14.3cm　戦前
Postcard: Mt. Fuji from the Saishokaku in Miho

p. 292.293
雲風景
Cloudscape

p. 296.297
雲風景
Cloudscape

p. 300.301
国宝　天橋立図　雪舟
一幅　紙本墨画淡彩　69.4×168.5cm　室町時代
京都国立博物館
Amanohashidate, Sesshu

画面中央には天橋立の
白砂青松と智恩寺が栗田
半島側からの眺めで描か
れ、その上方に阿蘇海を
はさんで寺社の林立する
府中の町並み、さらに背
後には巨大な山塊と成相
寺の伽藍が配されている。
全体の筆法や構図から、
款記はないが雪舟（1420-
1506頃）筆とみなされて
いる。

p. 304.305
重文　四季花鳥図（右隻）　伝雪舟等楊
六曲一双　絹本着色　各181.5×375.0cm　京都国立博物館
Birds and Flowers of the Four
Seasons, attributed to Sesshu Toyo

「四季花鳥図」は松、梅
の巨木を図の重心に捉え、
その周囲に四季の草花や
鳥たちが配されている。
ここに紹介する右隻では、
右側に松樹を置き、鶴、
白鷺、叭々鳥などの鳥類
と蓮と椿の花を描いてい
る。全体に彩色が押さえ
られ、水墨画風の筆致で趣
を大切にしている。

p. 320.321
重文　松図襖絵　俵屋宗達
十二面の内　紙本金地着色　各174.0×76.0cm　養源院
Pines, Tawaraya Sotatsu

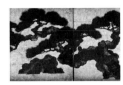

京都・養源院の障壁画
は元和7年（1621）、徳川
秀忠夫人の再建にともな
い制作された。長大な金
地画面に岩をともなった
松の雄姿が展開されて圧
巻である。巨大な松は襖
の画面にさえ納まりきら
ず、身を屈めているよう
に見える。

p. 336.337
源氏物語絵色紙帖　梅枝　土佐光吉
紙本着色　25.7×22.7cm　桃山時代　京都国立博物館
Plum Branch, Tale of Genji
Album, Tosa Mitsuyoshi

朱雀院の東宮が二月に
元服されるので、源氏は
明石の姫君を女御として
参内させるつもりで、そ
の裳着の支度を急いでい
た。二月十日頃、雨が降
っていたが庭の梅がさか
りに咲いている。

p. 344.345
松島図襖（安政度内裏清涼殿障壁画）　土佐光文
2面　麻布墨画　各205.3×133.0cm　安政2年（1855）　宮内庁
京都事務所
Matsushima, Tosa Mitsufumi

京都御所清涼殿の鬼の
間の布障子に描かれた
「松島図」には、海に浮か
ぶ松島と空に連なって飛
ぶ鶴の姿が描かれている。
土佐光文（1813-79）は室
町時代以降の伝統を持つ
やまと絵の流派・土佐派
の最後を飾った画家であ
る。

p. 348.349
塩竈浦図襖（安政度内裏皇后常御殿障壁画）
円山応立
6面　紙本着色　各178.2×66.8〜
137.2cm　安政2年（1855）　宮内庁
京都事務所
Shiogama Inlet, Maruyama Oritsu

京都御所の北側に位置
する皇后御常御殿、その
東廂・下ノ間の部屋全体
に塩竈の景が描かれてい
る。円山派風の樹木の描
写は優しく、リアリティ
ある空間を描いている。
円山応立（1817-75）は円
山応震の門人で、その養
子となって円山家四代目
を継いだ画家である。

p. 352.353

木曾海道六十九次之内　望月　歌川広重

錦絵　横大判　天保後期（1830〜43）　山口県立萩美術館・浦上記念館

Sixty-nine stations of the Kiso
Kaido Highway: Mochizuki,
　Utagawa HIrosige

奥へと続く上りの坂道が空間の奥行を表わし、右手の松並木もそれにあわせてだんだん低く描かれている。馬に荷物をつけた人夫や道行く旅人の姿も巧に表現されている。渓斎英泉（1791-1848）と広重とが描いた木曾街道六十九次シリーズの一枚である。

p. 356

白地松梅模様打掛

丈158.0cm　桁63.0cm　江戸時代　国立歴史民俗博物館

Uchikake with Pine and Plum Motifs on White Ground

p. 357

染分松梅鶴模様振袖

丈148.0cm　桁63.0cm　江戸時代　国立歴史民俗博物館

Furisode in Divided Background Style with Pine, Plum, and Crane Motifs

p. 360.361

白地松芦扇面舟帆浦字模様小袖貼屏風

丈143.5cm　桁103.5cm　江戸時代　国立歴史民俗博物館

Kosode Screen with Pine, Reed, Fan Paper, Sail, Character Motifs

p. 364

紫地鷹狩模様振袖

丈164.0cm　桁67.0cm　江戸時代　国立歴史民俗博物館

Furisode, Falconry Scene on Purple Ground

p. 365

白地松桜芦茅屋網干波模様帷子

丈163.0cm　桁61.0cm　江戸時代　国立歴史民俗博物館

Katabira with Pine, Cherry Blossom, Reed, Thatched Hut, Net, and Wave Motifs on White Ground

p. 368

納戸地雪持松水仙模様小袖

丈148.0cm　桁63.0cm　江戸時代　国立歴史民俗博物館

Kosode with Snow on Pines and Daffodils on Greenish Blue Ground

p. 369

水浅葱地滝松花燕模様小袖

丈174.0cm　桁65.0cm　江戸時代　国立歴史民俗博物館

Kosode with Waterfall, Pine, Flowers, Swallows on Pale Blue Ground

p. 372.373
彩絵檜扇（阿須賀神社伝来古神宝類のうち）
1握 檜 彩色 金銀箔 南北朝時代 京都国立博物館
Painted Cypress Folding Fan

p. 374.375
平安神宮　龍尾壇
Heian Shrine, Ryubidan

p. 376.377
違鷹羽紋入流水若松蒔絵鏡筒
一合　短径16.5cm　長径22.5cm　江戸時代　京都国立博物館
Lacquer Mirror Case with　Maki-e Crossed Hawk Feather,
Flowing Water, and Young Pine Motifs

p. 378
絵葉書　三保海岸
14.3×9.0cm　戦前
Postcard: Miho Coast

p. 379
絵葉書　近江唐崎之老松
9.0×13.8cm　戦前
Postcard: Ancient Pine at Karasaki, Omi

p. 379
絵葉書　御穂神社羽衣松
9.0×14.2cm　戦前
Postcard: Hagoromo Pine at Miho Shrine

p. 380.381
絵葉書　丹後　天之橋立全景
8.5×13.2cm　戦前
Postcard: Full View of Amanohashidate, Tango

p. 382
絵葉書　松島名所　材木島
8.4×13.4cm　戦前
Postcard: Scenic Matsushima Spots: Zaimoku Island

p. 382
絵葉書　松島名所　五大堂
8.4×13.4cm　戦前
Postcard: Scenic Matsushima Spots: Godaido

p. 383
絵葉書　松島名所　カブト島
8.4×13.4cm　戦前
Postcard: Scenic Matsushima Sports: Helmet Island

p. 383
絵葉書　松島名所　大黒島
8.4×13.4cm　戦前
Postcard: Scenic Matsushima Spots: Daikoku Island

p. 384.385
京都御苑
Kyoto Imperial Garden

◎写真・資料掲載協力
芸艸堂
馬の美術館
京都国立博物館
宮内庁京都事務所
宮内庁三の丸尚蔵館
神戸市立博物館
国立歴史民俗博物館
財団法人 祇園祭山鉾連合会
清嘉堂文庫美術館
東海庵
東京国立博物館
山口県立萩美術館・浦上記念館
養源院
龍源院

◎写真提供
神崎順一（p.172.173.292.293.296.297.
374.375.384.385）
中田 昭 （p.140.141.144.145.148.149.
152.153.156.157.284.285）
宮野正喜 （p.160.161.164.165）

◎参考文献
『波紋集』芸艸堂
『日本文様類集 雲霞集編』芸艸堂
『日本屏風絵集成』講談社
『近世風俗図譜』小学館
『琳派美術館』集英社
『琳派』紫紅社
『日本の浮世絵美術館』角川書店
『広重六十余州名所図会』岩波書店
『日本の文様』小学館
『日本の意匠』京都書院
『続・日本の意匠』京都書院
「源氏物語五十四帖」別冊太陽　平凡社
「松島・天橋立・厳島 日本三景展」
「is73 特集・白砂青松」ポーラ文化研究所
「FRONT 特集・水界の王者・水の制御者［空海］」
リバーフロント整備センター
「FRONT 特集・海上に浮かぶ帝国都市［ニューヨーク］」
リバーフロント整備センター

◎カバー図版
重文「四季花鳥図」伝雪舟　京都国立博物館より
「四季花鳥図屏風」柴田是真　東京国立博物館より

日本の図像
―波・雲・松の意匠―
Wave, Cloud, Pine
Traditional Patterns in Japanese Design

2006年6月2日　初版第1刷発行

企画・編集：濱田信義 (編集室 青人社)
解説：谷川 渥 (國學院大学教授)
翻訳：マクレリー ルシー (ザ・ワード・ワークス)
デザイン：津村正二 (ツムラグラフィーク)
制作進行：山本智子 (ピエ・ブックス)
発行人：三芳伸吾

発行所：ピエ・ブックス
〒170-0005 東京都豊島区南大塚2-32-4
編集
Tel: 03-5395-4820　Fax: 03-5395-4821
editor@piebooks.com
営業
Tel: 03-5395-4811　Fax: 03-5395-4812
sales@piebooks.com

PIE BOOKS
2-32-4, Minami-Otsuka, Toshima-ku, Tokyo
170-0005 Japan
Tel: +81-3-5395-4811　Fax: +81-3-5395-4812
sales@piebooks.com

http://www.piebooks.com

印刷・製本：図書印刷株式会社